AF322234

LB 42
448

720

Supplément à l'écrit sur la mobilisation des deux tiers de la dette publique ;

PAR SAINT-AUBIN,

Professeur de Législation.

Le 28 fructidor , an V de la république.

J'AI écrit hier pour le compte , à ce que je crois , de la république et des rentiers ; dans ce que j'écris aujourd'hui , je suis intéressé de compte à demi.

Quelques citoyens mal instruits ont annoncé que j'avois conseillé , il y a huit mois , la même mobilisation que je combats aujourd'hui. Il est essentiel de détruire cette assertion qui pourroit influer sur la décision du fond du procès , quoiqu'elle ne porte que sur un vice dans la forme.

D'abord , quand ce fait seroit vrai , tout ce qu'on en pourroit , ou du moins tout ce qu'on en devroit conclure , est ceci :

Saint-Aubin a changé d'opinion sur cet objet ; voyons donc , si les raisons qu'il allégue aujourd'hui contre la mesure projettée , valent mieux que celles que , dans le tems , il a alléguées pour.

Mais le fait n'est point vrai ; il n'est pas même vrai que j'aie conseillé cette mobilisation et que je me sois rétracté vingt-quatre heures après ;

comme je l'ai avancé hier moi-même, par er-
-reur, dans l'écrit auquel celui-ci sert de supplément. Cette erreur de ma part vient, de ce
qu'étant fort pressé, je n'avois pas le tems de
consulter mes précédens écrits sur cette matière ;
on va se convaincre bientôt, par les extraits suivans, que la mobilisation dont j'ai parlé un moment, et sur laquelle je me suis effectivement
rétracté dès le lendemain, n'avoit rien de com-
mun avec celle qu'on propose aujourd'hui.

Après avoir démontré dans plusieurs écrits pu-
bliés dans le courant de l'année dernière, les
avantages qui résulteroient de la vente des biens
nationaux contre des inscriptions au grand-livre, je
publiai une brochure, *intitulée : Rentiers et Inscriptions au grand-livre, ou observations sur la nécessité
de donner promptement le complément à la loi du 16
brumaire sur la vente des biens nationaux contre des
inscriptions au grand-livre, en en facilitant les transfers par les deux moyens suivans ; 1°. en abolissant tout-
à-fait, ou en réduisant à un taux insensible le droit sur
les transfers que perçoit le trésor publi ; 2°. en substi-
tuant aux transfers par-devant notaires, qui sont su-
jets à des frais et à une perte de tems considérable, un
bureau particulier à la trésorerie, où les transfers se
feroient sans formalités et sans frais, comme à Lon-
dres.*

Ce titre, qui, par parenthèse, n'est pas très-
succinct, indique assez qu'en composant cet écrit,
je ne songeois aucunement à changer les inscriptions en effets au porteur, et encore bien moins en
bons au porteur, *ne portant aucun intérêt, et admissibles uniquement en paiement de biens nationaux*,
ce qui est encore très-différent.

L'écrit étoit déja à l'imprimerie, lorsqu'un négocia t très-instruit, à qui j'en parlai, me rappella le succès prodigieux qu'avoit eu le premier emprunt fait (je crois) par M. Necker en effets au porteur, à cause que la facilité avec laquelle ces effets se transmettoient. Une pareille facilité accordée aux inscriptions ne pouvoit, disoit-il, que leur être très-favorable. Je lui objectai la défaveur que les assignats et les mandats avoient jettée sur toute espèce d'effets au porteur émis par le gouvernement, ou qu'on pourroit soupçonner seulement venir de cette source.

Enfin, après avoir bien réfléchi, je croyois avoir trouvé un moyen de remédier à ce vice radical des effets au porteur, et j'insérai dans la même brochure, page 18, le supplément que voici :

" L'immense majorité des français est encore si éloignée de concevoir, non-seulement les avantages inappréciables, mais la nécessité indispensable de suppléer à la rareté du numéraire, par du papier de crédit circulant avec une rapidité et facilité approchante de celle des espèces, que je n'ai pas osé proposer dans l'écrit ci-dessus le vrai moyen, le plus simple et le plus efficace que je connoisse, pour donner à-la-fois une grande valeur aux inscriptions, et pour en faire un véritable signe circulant. Ce seroit de *convertir les inscriptions en effets transmissibles simplement par la voie de l'endossement nominal*, exactement comme les cédules hypothécaires, dont on peut voir le modèle dans le nouveau code ".

Cette mesure auroit plusieurs autres avantages. Elle procureroit aux rentiers des crédits de banque en France et à l'étranger, et feroit rentrer des sommes considérables en espèces, dont nous avons tant besoin ».

« Les partisans très-nombreux du système d'amortissement de la dette publique, à l'aide d'un droit qui diminueroit d'une petite quantité la rente à chaque transfert, et dont j'ai parlé plus haut, page 12 et suiv., pourroient d'abord s'opposer à cette mesure ; mais il est aisé de leur faire voir qu'elle ne seroit aucunement incompatible avec leur projet favori. Comme l'endossement seroit nominal, le dossier de chaque inscription contiendroit nécessairement tous les transferts successifs faits par cette voie ; lorsqu'à chaque trimestre ou semestre on la présenteroit pour en toucher la rente, le payeur n'auroit qu'à compter les endossemens et faire la réduction conformément au tarif. S'il y avoit par exemple 30 endossemens, et que le droit, comme je l'ai proposé, fût réduit à un pour mille par chaque transfert, l'inscription se trouveroit diminuée de 0,030 ou de 3 pour cent. Pour éviter la fraude, ainsi que la contestation qui pourroit s'élever entre le payeur de la trésorerie et le propriétaire d'une inscription qui auroit perdu, ou qui, pour éviter les droits, prétendroit avoir perdu son titre, on n'auroit qu'à statuer que tous les endossemens seroient enregistrés dans un bureau *ad hoc*, au fur et mesure, avec une forte amende contre les contrevenans ».

Je demande maintenant à tout lecteur impartial, s'il y a la moindre ressemblance entre les inscriptions transmissibles par la voie de l'endossement nominal, *avec lesquelles on pouvoit se présenter à chaque semestre pour toucher la rente*, et les bons au porteur qu'on propose aujourd'hui, bons admissibles uniquement en paiement de biens nationaux, vendus à l'enchère, bons inventés exprès pour qu'on ne se présente plus pour toucher la rente ?

Hé bien ! la brochure n'eut pas plutôt paru, que je me vis assailli par une foule de rentiers, que je n'avois pas l'honneur de connoître, mais dont quelques-uns me dirent, sans beaucoup de façons, qu'ils me connoissoient très-bien comme un homme payé pour changer leurs rentes en assignats. Je me retractai donc dès le lendemain, moins à cause de ces clameurs qui, cependant, ne sont pas à mépriser, lorsqu'il s'agit du crédit d'un papier, que d'après les représentations que me firent tous les gens sensés qui avoient lu mon écrit, sur les suites funestes que cette motion seule pourroit avoir pour le crédit des rentes.

La brochure, quoique datée du 12 nivôse, ne sortit que dans la décade d'après. Le 29, je reçus du ministre des finances la lettre suivante :

Paris, le 29 nivôse, an V de la république française.

Le ministre des finances, au C. Saint-Aubin, maison de l'Oratoire Honoré, à Paris.

,, J'ai lu d'un bout à l'autre, Citoyen, vos Observations sur les Rentiers et sur les Inscriptions au grand-livre, recevez mes remercîmens, mes félicitations, je dis plus, mes encouragemens. ,,

Osez proposer (page 18) moi j'ouvre cet avis.

,, Chacun pourra conserver ses inscriptions comme il les a. Ceux qui voudront avoir des effets au porteur seront admis à faire convertir chaque cent liv.

de rente, en un effet de 2000 francs de capital produisant 5 pour 100 d'intérêt, payable, de six en six
mois. sur dix coupons annexes aux bons au porteur
pour cinq ans. Ce délai passé , le bon sera renou-
velé ,,.

,, Les effets au porteur seront stipulés en francs et
non en livres. Les intérêts seront payés en nouvelle
monnoie, ou avec trois deniers d'addition à chaque livre ancienne, pour l'achat de cet excédent de
rente : chaque première conversion d'inscriptions
en bons de 2000 francs coûtera 25 francs numéraire. Ce paiement tie dra de plus lieu de rachat
de droit de transfert ; les inscriptions conti-
nueront à y être assujetties. Les effets au porteur seront renouvelés à l'échéance du dernier
coupon , moyennant 5 francs , qui seront retenus
sur les 50 francs de rente du dernier semestre ,,.

,, Ceci mérite , citoyen, une conférence particu-
liére. Venez me voir tridi prochain à 4 heures ,,.

Salut et fraternité ,

Le ministre des finances ,,.

Ce projet , comme l'on voit , étoit très-bien
raisonné , et tout autrement raisonnable que celui
qu'on propose aujourd'hui. Il ne s'agissoit ici que
d'une conversion *absolument volontaire* , en effets
produisant l'intérêt ordinaire et accompagnés de
coupons , qui devoient être régulièrement payés
à l'échéance. Le ministre ne proposoit aucune
réduction , et encore moins un remboursement
forcé de la majeure partie du capital, en biens
nationaux vendus à l'enchère. Le changement
de livres en francs , d'accord avec le nouveau

système monétaire , étoit d'autant mieux vu, que la trésorerie, en retenant le premier coupon pour l'augmentation de la valeur des inscriptions, résultante de ce changement, se débarrassoit du paiement du premier sémestre. Enfin, le projet, en entier, vu sur le papier et en théorie seulement, étoit ingénieux, et à l'abri de toute critique.

Mais, dans la pratique, lorsqu'un projet regarde un papier, même à cours forcé, et à plus forte raison un papier de crédit, il faut avant tout voir, ce qu'en diront ceux qui l'ont dans leur porte-feuille. Les assignats étoient entre les mains de toutes les fruitières et marchandes de légumes ; aussi n'ont-ils rien valu, dès le moment qu'avec ce papier on n'a plus pu avoir du persil et de la salade.

Or, il étoit aisé de voir ce que diroient les rentiers de ce projet. Les coupons d'abord, auroient-ils dit, n'ayant pas de nom, peuvent être multipliés comme les assignats : on finira donc par les payer de même. Et, qui nous assure qu'on n'en fera pas autant des bons mêmes qui remplaceront nos inscriptions ? N'a-t-on pas vu tout récemment entrer et ressortir plusieurs milliards d'assignats, qui devoient être biffés ? Le trésor public a tant de besoins, etc.

. « Quant à la conversion volontaire, elle ne nous paroît-t-elle qu'en apparence. En effet, pour la rendre forcée, il suffira de mal payer ou de ne pas payer du tout, ceux qui n'auront pas la même volonté de faire convertir leurs inscriptions, et voilà tous les rentiers chargés malgré eux en porteurs d'effets au porteur, etc., etc ».

Je répondis, en conséquence, au ministre, que j'avois changé d'avis sur les bons au porteur dont je lui ferois sentir tous les inconvéniens, lorsque j'aurois le plaisir de le voir.

Je fis, en effet, tous mes efforts pour le dissuader, mais je ne pus le détourner de son projet. J'appris bientôt, qu'il l'avoit communiqué à la commission des finances qui l'avoit rejetté, quoique (*notez bien ceci*) ce ne fût pas la commission des finances de Gibert-Desmolières.

Le 4 pluviôse, le rédacteur du Journal de Paris, à qui j'avois envoyé ma brochure pour l'annoncer, n'ayant probablement pas eu le tems d'en faire l'analyse, se contenta de copier littéralement les passages suivans, extraits des additions qui l'accompagnoient :

« Le but principal de toute opération imaginable sur les inscriptions doit être, d'écarter tous les obstacles qui empêchent qu'elles ne deviennent, 1°. un papier de crédit, circulant assez rapidement pour remplacer, dans beaucoup de caisses particulières, le numéraire qui réflueroit alors dans la circulation journalière, et faciliteroit les transactions commerciales et le paiement des impôts. 2°. Un papier qui puisse servir au transport des immeubles, et à l'achat des biens nationaux, dont il releveroit la valeur vénale. Enfin, 3°. un papier qui puisse nous fournir sur-le-champ les gros capitaux qui nous manquent. Ce papier aura deux avantages particuliers ; il est tout fait et connu, et son crédit intéresse une foule de familles ».

« Toutes les autres vues qu'on pourroit se proposer dans un travail sur les inscriptions, telles que la réduction de la dette publique ; le soulagement des rentiers, etc. ne sont que des avantages accessoires que le premier but rempli procurera de lui-même. »

(9)

,, Pour obtenir ce but principal , il faut 1°. ôter toute crainte qu'une rente sur l'État puisse jamais être réduite sans le consentement du proprietaire , quoique la dette publique puisse l'être , soit par le remboursement volontaire d'une partie des inscriptions , en biens nationaux vendus à l'enchère , conformément à la dernière loi , soit par la baisse de l'intérêt , opérée avec le tems , et par l'accroissement de la valeur des biens-fonds , et de la richesse nationale , ce qui produiroit une réduction volontaire. 2°. Il faut faciliter les transfers , de manière qu'ils puissent se faire sans frais , et sans perte de tems : autrement les inscriptions ne circuleront que péniblement et avec lenteur. 3°. Abolir tout droit sur les transferts , autrement elles ne circuleront pas du tout ,,.

,, Aux argumens sans nombre que j'ai allégués dans mes deux brochures , en faveur de ce dernier *réquisite* , j'ajouterai la *disjonctive suivante* : ou bien ce droit tombera sur le capital , et sera perçu en espèces à chaque transfert , ou bien il tombera sur la rente qu'il diminuera successivement , jusqu'à ce que cette maladie *chronique* la réduise à zéro. Dans le premier cas , les inscriptions seront des écus qu'on ne pourra faire circuler , qu'en ajoutant à chaque mutation , un ou deux sous ; dans le second , ce seront des écus qui , en passant d'une main dans une autre , perdront à chaque *transit* , quelques grains d'argent fin. Seront-ce là des écus bien circulans ,, ?

L'extinction successive de la rente paroit être aujourd'hui l'idée favorite , parce qu'on voudroit vendre les biens nationaux très-cher , réduire à coups de hache la dette publique , et augmenter la valeur vénale des inscriptions *tout-à-la-fois*. Si l'on s'avise de chasser ainsi les trois lièvres de front, on n'en attrapera aucun. Car, d'un côté, la rognure de la rente à chaque transfert, empêchera de transférer une inscription, à moins qu'on ne soit à la dernière extrêmité, et l'an 2440 arrivera avant que la dette publique soit amortie ; tandis que d'une autre part les inscriptions et le crédit public resteront dans la fange où ils sont. Les biens nationaux mêmes ne pourront se vendre qu'à vil prix, comme l'on peut s'en convaincre, en lisant le supplément en lettres italiques, page 39 ; je vous prie d'y joindre l'anecdote, page 13, qui vous fera connoître l'opinion du célèbre Panchaud, sur ce moyen de diminuer la dette publique en la rognant petit-à-petit,,.

,, C'est ce maudit droit sur les transferts qui fait que jusqu'ici les inscriptions n'ont monté qu'à 7 liv. 10 sous. Elles seroient au double, et les biens nationaux en pleine vente, sans l'impôt qui y est déja attaché, ou sans la rognure qui est à craindre à chaque transfert ,,.

ᴄᴄ Une autre considération importante, à laquelle on ne songe pas, c'est qu'une nation peut fort bien être riche et heureuse, quoiqu'avec une forte dette, tandis que sans devoir le sol, elle peut être pauvre et misérable. Il suffit pour cela que la première ait des capitaux qui manquent à la seconde ,,.

Le 4 ventôse, je trouvai dans le même journal l'article suivant :

,, Citoyens, dans votre feuille du 4 pluviôse, le cit. Saint-Aubin propose de faire des inscriptions sur le grand-livre, *un papier de crédit circulant rapidement pour remplacer le numéraire* ,,.

,, Un papier de crédit , qui puisse remplacer le numéraire , doit être absolument indépendant du gouvernement , il doit être payable à bureau ouvert , en espèces métalliques , et pour la valeur nominale qui y est exprimée ,,.

,, Il me semble difficile que les inscriptions sur le grand-livre , acquiérent jamais ces qualités absolument essentielles d'un papier de crédit , qui remplace le numéraire ,,.

,, Toutes les idées du C. Saint-Aubin , énoncées dans le même article sur les inscriptions , supposent l'intention de les convertir *en effets au porteur*. Mais la conversion en effets au porteur, de ces inscriptions, changera leur forme et non leur nature , et c'est sous ce dernier rapport qu'elles ne peuvent absolument point devenir le papier de crédit que desire le C. Saint-Aubin ; son but ne pouvant donc être rempli à cet égard , il ne s'agit plus que d'examiner si cette conversion , en effets au porteur, des titres de la dette publique , présente quelques avantages ; je ne lui trouve que des inconvéniens ,, ;

,, 1°. Cette conversion nécessitera des frais assez considérables , et pourroit occasionner de nouveaux embarras, et de nouveaux délais dans la liquidation de la dette publique ,,.

,, 2°. Cette conversion , et le *mouvement rapide* qu'on voudroit donner à ces nouveaux effets , exigeroient la suppression totale du droit de transfert , et détruiroit une branche importante du revenu public ; on a demandé , et avec raison , la réduction de ce droit, mais non sa suppression totale ,, ;

,, 3°. Ces effets au porteur deviendroient nécessairement, dans ces circonstances où la crainte
et l'espoir agitent tour-à-tour, sous tant de rap-
ports, l'objet des spéculations des joueurs, et
en quelque sorte leur patrimoine, et les créan-
ciers de l'état, les rentiers moins actifs et moins
adroits que les joueurs, deviendroient bientôt
leurs victimes ,, ;

,, 4°. Enfin, il seroit possible qu'un ministre des
finances, autre sans doute que le ministre ac-
tuel, succombât à la tentation de *tirer parti* de
ces effets au porteur, en leur donnant quelques
caractères de *papier-monnoie forcé* ,,.

,, La seule possibilité d'une telle opération, doit
faire rejetter bien loin toute idée de *création
d'effets au porteur par le gouvernement* ,,.

" Aurions-nous si-tôt perdu la mémoire des effets
désastreux des assignats et des mandats, de ces
outils révolutionnaires, qui, entre les mains des
hommes les mieux intentionnés, auroient encore
les plus graves inconvéniens ,,.

Voici ma réponse à cette critique mal-fondée,
telle qu'elle se trouve dans le journal du 10 ventôse.

" Le C. J -B. R., qui m'attaque pour avoir proposé
de changer les inscriptions, en effets au porteur, a
deux torts ; le premier, de trouver ce projet dans
l'article inséré dans votre journal qu'il cite, et où il
n'en est aucunement mention ; le second, de s'a-
muser à prêcher à un converti, car je suis parfaitement d'accord avec lui sur cet objet. J'avois effectivement eu cette idée, d'après la réussite de l'emprunt de 125 millions, le premier qui ait été fait en
effets de cette espèce, et je l'avois indiquée, en

conséquence , quoique avec beaucoup de précau-
tions , dans la brochure intitulée : *Rentiers et inscriptions au grand-livre* , où le C. J.-B. R peut la
lire , page 18 et suivantes. Mais cet écrit étoit à
peine sorti de la presse , que j'avois changé d'avis ,
non pas par les motifs allégués par le C. J.-B. **R** ,
qui font les frais , la perte d'un revenu public , la
crainte d'un agiotage , ou que le gouvernement
n'en fasse du papier-monnoie , motifs qui , selon
moi , sont absolument insignifians ; mais , par la
considération majeure , que le crédit de tout papier
libre a pour base essentielle l'opinion de ceux qui
le possèdent. Or , les propriétaires actuels des inscriptions sont presque tous de ces vieux rentiers ,
qui , quoique très-mal payés , sont encore enchan-
tés de ce que leurs inscriptions sont les seuls effets
que la résolution ait respectés. Ils attribuent unani-
mement cette exception heureuse à la nature même
de ces effets, qui provenant de contrats de rentes
constituées , représentent , selon eux, une pro-
priété foncière , à laquelle on n'a pas osé toucher,
et qu'on n'osera attaquer , tant que les inscriptions
conserveront cette espèce de type primitif, par l'o-
bligation de les transférer uniquement sur le grand-
livre, en payant un droit de mutation , comme
pour le transport d'un immeuble. C'est un préjugé,
mais il existe , et est tellement enraciné , que ce
seroit une folie de vouloir le détruire; on converti-
roit aujourd'hui les inscriptions en effets au porteur , que demain elles tomberoient à trois livres ,
uniquement parce que les rentiers , au lieu de contrats, n'y verroient plus que des assignats et des mandats. Les anglais eux-mêmes sentent la force de ce
préjugé , puisque c'est uniquement ce motif qui les

empêche de convertir leurs fonds consolidés en effets au porteur, qui sont cependant leurs papiers fa-
voris. Quant à moi, j'ai été tellement frappé de
cette objection , que je me suis retracté dès le
lendemain, dans une lettre à l'ancienne commission
des finances , et au ministre qui avoit saisi cette
idée avec empressement. ,,

« Me voilà donc d'accord avec le C. J. B. R, quant
aux effets aux porteurs ; mais je soutiens toujours
qu'il faut faire des inscriptions un papier de crédit
circulant rapidement, pour remplacer le numéraire , ce qui ne peut se faire qu'en facilitant les
transferts. Le C. J.-B. R. croit qu'un pareil papier
doit être payable à bureau ouvert, en espèces métalliques , et pour sa valeur nominale. Mais les fonds
publics, en Angleterre, loin d'être payables à bureau ouvert, ne sont pas même remboursables, et le
public, parmi lequel ils circulent avec une rapidité
dont on ne se fait pas d'idée, les reçoit si peu pour
leur valeur nominale, qu'ils sont aujourd'hui à
53 et un huitième, après avoir été naguères à 99.
Cela n'empêche pas que dans une infinité de
caisses, et dans tous les achats qui demandent
de gros capitaux, ils ne remplacent *parfaitement*
le numéraire. L'erreur du C. J.-B. R. provient
de ce qu'il confond le numéraire qui sert à acheter
de la salade ou du persil, avec celui qui sert
aux entreprises en grand, aux emprunts, au
transport des immeubles , et qui en général forme
les capitaux dont nous manquons tant ».

Si le C. J.-B. R. veut se donner la peine de lire
la brochure citée , avec les additions que je viens
de publier, il verra que le droit de transfert ne
peut, en aucun cas, former une branche considé-

rable du revenu public. S'il est fort, on fera peu de transferts ; s'il est petit, il produira peu, et cela doit être. Vouloir asseoir un revenu sur les inscriptions, lorsque nous manquons de capitaux circulans, ce seroit courir après trois livres pour perdre cent écus ».

Il n'en faut pas davantage, je crois, pour faire voir que j'ai toujours été très - éloigné de tout projet de réduction, de mobilisation, ou de toute autre opération qui pouvoit tendre à déprécier un effet, dont la valeur réelle intéresse directement tant de milliers de familles, et indirectement l'universalité des citoyens ou l'état.

Au reste, j'ai dit, que pour juger de la bonté d'un projet qui regarde un effet, il falloit examiner ce qu'en pensoient les porteurs. Si cette maxime est vraie, comme je le crois, le projet que je combats, a déjà un grand vice ; car les rentiers, qui depuis un tems immémorial ont établi en quelque sorte, leur domicile sur la terrasse des Tuileries, n'en paroissent rien moins que contens. Et certes, on ne peut attribuer à mon écrit, le chagrin et le désespoir dans lequel paroît les plonger cette mesure ; car, ma brochure n'est pas encore publiée au moment que j'écris ceci ; elle étoit distribuée hier au conseil, au fur et mesure que les exemplaires sortoient de la presse.

S A I N T - A U B I N.

P. S. J'ai calculé hier la valeur des bons futurs à huit quinzièmes ou environ un demi pour cent, uniquement par approximation, et d'après la supposition hasardée qu'il y avoit actuellement, dans la circulation, 100 millions de bons de trois quarts. Voici un calcul différent et plus exact.

La rente entière étant de cinq pour cent, la totalité des bons de trois quarts délivrés dans le courant d'une année entière, ne va qu'à deux tiers de cinq pour cent de la totalité des arrérages. Et comme la trésorerie ne paie ceux-ci que pour les inscriptions inscrites et délivrées, qui, comme nous avons vu, ne va qu'à environ la moitié de toute la dette, la totalité de ces bons peut être exprimée par les deux tiers des trois quatrs de la totalité des arrérages. Les deux tiers des trois quarts font une demie : donc tous les bons d'une année ne passent pas la moitié de la moitié, ou le quart des arrérages, ou, en d'autres mots, le quart de cinq pour cent du capital.

Mais la totalité des bons que promet la mobilisation, forme les deux tiers du capital même de cette masse ; elle est donc à celle des bons de trois quarts, comme un quart de 5 pour cent, est à deux tiers de 100 pour cent, ou comme cinq quarts est au deux tiers de 100, ou comme 1 à 53 un tiers.

Or, les bons de trois quarts valent aujourd'hui, tout au plus, 8 francs le cent ; donc la valeur des bons mobilisés sera à celle des bons de trois quarts, comme 1 à 53 et un tiers, ce qui fait huit cinquante-troisièmes pour cent, ou environ trois sous par cent francs. *Dixi.*

A Paris, de l'imprimerie de L E P A G E, rue de Seine, n°. 90, faubourg Saint-Germain.

www.ingramcontent.com/pod-product-compliance
Lightning Source LLC
LaVergne TN
LVHW050223060726
842525LV00007B/2502